Blizzard
Su Doku

T0120288

Blizzard
Su Doku

150 Fiendish Puzzles

Compiled by sudokusolver.com

WILLIAM MORROW
An Imprint of HarperCollins*Publishers*

New York Post © 2012 by NYP Holdings dba New York Post

NEW YORK POST BLIZZARD SU DOKU © 2012 by HarperCollins Publishers.
All rights reserved. Printed in the United States of America. No part of
this book may be used or reproduced in any manner whatsoever without
written permission except in the case of brief quotations embodied in
critical articles and reviews. For information, address HarperCollins
Publishers, 195 Broadway, New York, NY 10007.

HarperCollins books may be purchased for educational, business, or
sales promotional use. For information, please e-mail the Special Markets
Department at SPsales@harpercollins.com.

ISBN 978-0-06-221383-9

      16 RRD   10 9 8 7 6

All puzzles supplied by Lydia Ade and Noah Hearle of sudokusolver.com

Book design by Susie Bell, www.f-12.co.uk

Contents

Introduction   vii

Puzzles

Solutions

Introduction

Su Doku is a highly addictive puzzle that is always solvable using logic. It has a single rule – complete each Su Doku puzzle by entering the numbers 1 to 9 once in each row, column and 3×3 block.

Many Su Doku puzzles can be solved by using just one solving technique. In the Difficult rated Su Doku puzzle in Fig. 1, look to see where the 2 can be placed in the bottom center block (highlighted). All squares except one are eliminated by the 2s in the fourth and fifth columns and the 2 in the eighth row, leaving only one possible square in which the 2 can be placed.

Fig. 1

You can apply the same technique to place a number in a row or column.

In the puzzle below, you will need a slightly harder technique that requires pencil marks. Pencil marks are small numbers, usually written at the top of each unsolved square, listing all the possible values for that square. In the bottom center block, mark in all the pencil marks for this block (Fig. 2). One square contains only the 9 pencil mark and can now be solved.

Fig. 2

				2				
	4						1	
3			5	6	9			8
		5				9		
	8	9	2	7	5	3	4	
		3				7		
9			8	5	1			4
	3	679	⑨	67			2	
		3679	4	2				

Remember, every Su Doku puzzle has one unique solution, which can always be found by logic, not guesswork.

You can find details on more complex solving techniques and generate Su Doku puzzles at sudokusolver.com.

Puzzles

7		6			3			
	2					5		
			7			2	6	
	7	3		1				6
5		2		6		8		1
6				4		7	3	
	1	9			6			
		5					7	
			4			6		8

	8	2	7		6	1		
					9	7		4
4	5							6
1	2							9
				2				
3							5	8
8							9	1
2		5	1					
		1	8		5	6	4	

				8	2			
	8			9	4	5	3	
	9		6					
8	2					4		
1	7						5	3
		5					9	8
					8	2		
	4	7	2	1		6		
			7	4				

9		8		3			4	6
4						3		
	5		4					1
			7		3	9		
7				8				3
		5	9		4			
5					7		6	
		7						2
3	2			6		4		5

		3	2				4	
8	9						3	
		2		5		8		1
				6				9
		9	1		5	6		
5				4				
4		5		3		1		
	3						5	6
	2				7	4		

8					7		1	9
	1		2			3		
6			1		9		4	7
		1					8	
			3		5			
	5					9		
1	3		4		2			8
		2			1		3	
4	8		9					2

1	3		4					
2		6	3				5	
	5			1		7		
5	9		7					
		2				5		
					3		1	6
		5		8			3	
	2				4	1		5
					1		8	7

	6			5	1		3	
5				9	3			6
			4					
2	5					9		
1	7						8	2
		9					5	4
					7			
8			9	2				1
	2		8	3			7	

	8	6		4		9	1	
			6		8			
3			1		9			8
	3						2	
	4	9				3	6	
	2						8	
4			5		2			1
			4		7			
	1	2		3		4	9	

			8	3		4	9	
1			7		2			
		8						
	2		4	9			7	
8								4
	7			5	1		3	
						7		
			1		4			8
	1	2		8	5			

Blizzard

						5	9	
1		4	3					
3					2		1	
		6	7		4		2	
				8				
	4		5		9	8		
	8		1					2
					8	6		7
	5	7						

4			7				8	
		6		2			1	4
	3			4		9		
7					2			
	4	3		1		7	6	
			6					2
		7		5			4	
1	5			6		3		
	8				1			5

		4	3	7				
					8	7		
	8	3			2	5		6
	5	8						1
1				6				9
3						6	7	
9		5	6			4	2	
		6	4					
				9	3	8		

	1			2			3	
		4	9		1	5		
			3		6			
2	4						1	6
5								8
1	7						4	5
			8		9			
		9	4		2	8		
	3			6			9	

6		2			8			4
				6			1	
3			9		7			
		3			9	7		6
	8						4	
7		1	4			9		
			7		5			3
	2			3				
1			6			4		7

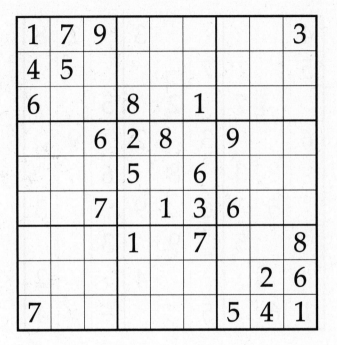

4					3		2	8
5			7					
		7		2		5		
6			3		2		9	
		3		8		6		
	5		6		9			3
		5		9		3		
				4				2
1	6		5					4

3	4						1	
9	2					7		
1			9	4	3			
					1		4	
			8	2	6			
	1		5					
			1	6	5			3
		3					9	5
	7						2	6

	4		9			7		
			1	7				3
6		7	4			1		
						9	7	2
	6						5	
7	9	4						
		8			7	5		4
4				1	8			
		2			4		8	

1			4		2			7
		4				6		
3		7	9		6	5		8
			1	2	5			
			3	9	8			
4		1	2		7	8		5
		8				1		
7			6		1			2

Blizzard

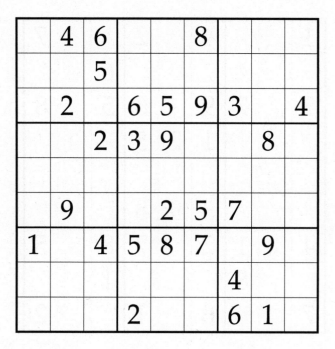

					4	1		
	6		2			8	9	
7	8	1	5			2		
2						6	3	
				9				
	5	8						9
		2			5	3	8	1
	1	3			6		5	
		9	8					

Blizzard

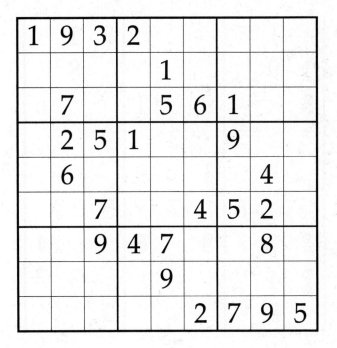

		5				7	1	
1	9						8	
3			9		1			6
		3		2		9		
			1		9			
		6		7		5		
2			8		6			4
	4						3	7
	3	9				2		

	6						8	
5			7		8			4
3		9				7		5
			4	2	5			
		8				4		
			8	7	3			
8		6				2		1
2			1		9			3
	4						9	

		6						8
		4			1			5
	8			7	6	9		
	2		3					
		3		4		5		
					2		7	
		1	8	6			5	
7			2			8		
4						1		

	4	6	5					3
2	9				6			
3		7				6		
9				6			2	
			1		8			
	6			4				1
		9				1		8
			3				6	9
5					1	2	7	

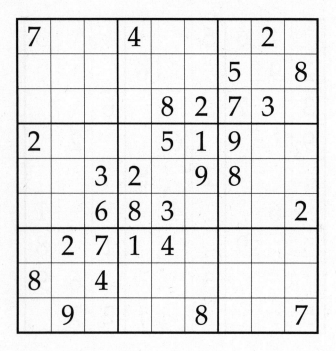

7				1		4		
			5	8			1	
		2	3					5
3					4			8
		9	2		8	5		
8			1					7
5					3	6		
	6			7	5			
		8		2				4

7			5			8		6
	9		7					
					4	7		5
4	8		6			2		
		3			7		8	1
9		5	4					
					9		5	
6		4			3			9

				8				5
			7		2			
2		9			5		6	8
6					7			
	1	4				9	3	
			3					2
9	3		8			2		1
			9		3			
8				4				

6			4		7		5	2
			6	2			8	4
9		6				4	1	
	5	4				2		6
8	3			9	5			
5	4		1		2			7

Blizzard

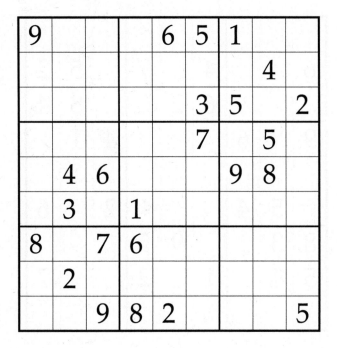

			7					
		4		3				
		8	6	5	1	2	3	
		7				3		2
	2	3		1		9	5	
9		6				4		
	4	1	3	9	2	8		
				4		5		
					5			

Blizzard

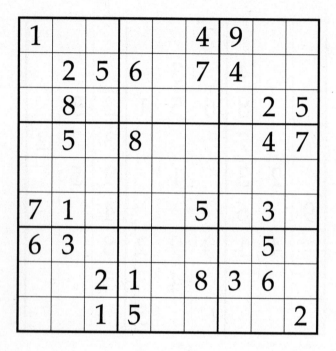

		4		5	1			
		9	7	6				
				4			3	9
8							7	
6	9	3				2	1	5
	7							8
1	5			2				
				8	7	4		
			6	3		7		

Blizzard

Blizzard

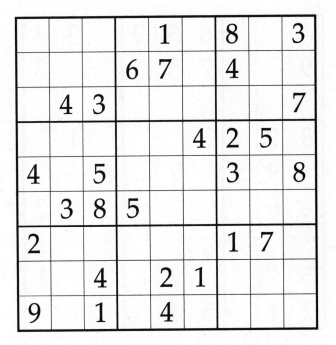

Blizzard

			6	3	9		2	8
9			7	5				3
3							1	
	9	5		7		8	6	
	6							2
5				2	6			7
2	1		5	4	3			

6	2			9				4
			2		6			7
				4	3			
	5	4					8	
1		6				9		2
	9					4	3	
			8	1				
4			6		5			
9				2			6	5

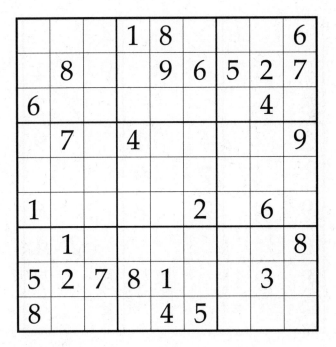

		1				4		
7		2				9		1
3	9						7	2
2			4		1			9
			7		9			
9			2		8			6
6	3						2	4
8		4				5		7
		7				6		

Blizzard

		2						
8		3						4
5			3	7	1			
		4		9	7	5		
7								6
		9	1	8		4		
			2	1	6			3
6						1		5
						8		

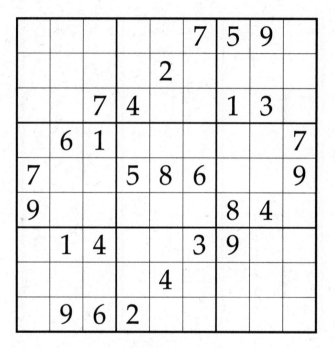

		4						9
					3	8		
7				1				
	8		1				3	7
	9			5			4	
3	2				7		5	
				2				5
		9	4					
1						6		

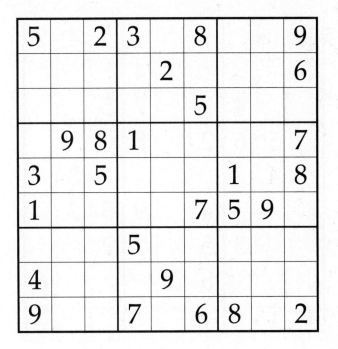

9							4	7
3				2	4			
		4			7	5		
	3	6	2		8			
	4						8	
			4		9	3	7	
		3	5			2		
			8	3				6
6	1							5

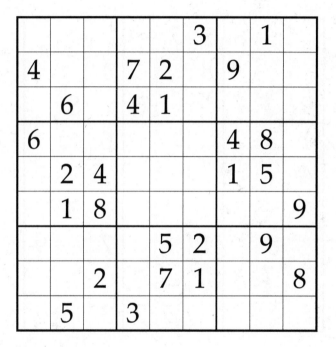

		8	5	7				
			8			4		
9		7			6		8	
1	3					6		
4								2
		5					3	7
	8		1			7		9
		3			5			
				2	7	3		

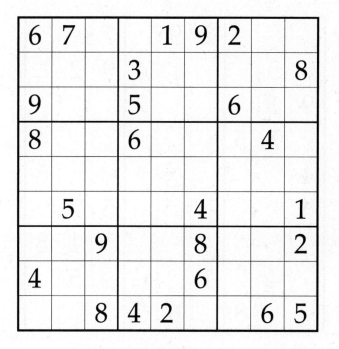

			2	9		7		
	3				4	9	2	
9	1				7			
	7	5						4
4								6
6						5	7	
			4				1	8
	4	7	1				5	
		8		6	5			

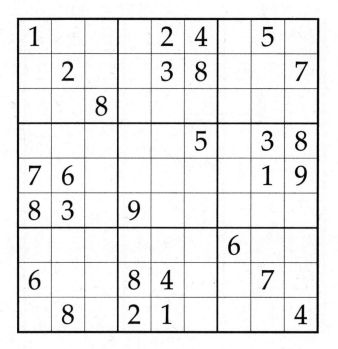

6	1					9	8	
4		5						2
		2	8					6
			1		2			
		4				2		
			3		6			
5					4	8		
9						1		3
	4	8					2	9

	1			8	3			
		8						
7		9		5				6
3	4		8					5
9	7			3			8	4
8					5		6	3
2				7		6		9
						7		
			5	9			2	

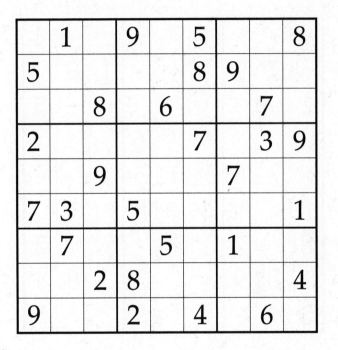

9			1		2			4
	7	2					1	8
1								5
			9		6			
		8	7	1	5	4		
			3		8			
8								2
	5	9				3	6	
3			5		9			8

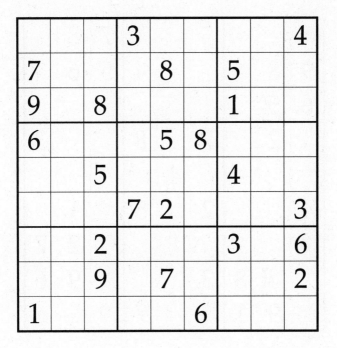

			5			7	8	
9	8				4	5	6	
6	5							
	2		7		8			3
				4				
4			2		5		1	
							2	7
	4	8	3				9	6
	9	1			7			

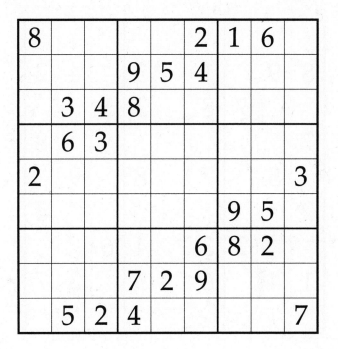

8	9		1		3		4	2
		7	8		2	5		
7								8
	5		7		8		9	
2								4
		2	3		4	6		
1	4		6		5		3	7

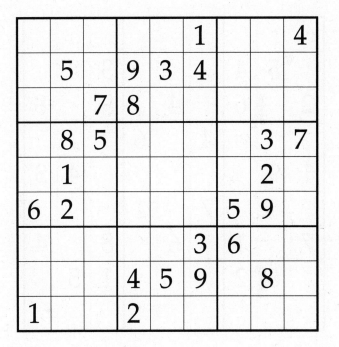

		5	4				3	2	
2		6			4		9		8
				4		6			
1	9							4	3
				7		1			
7		1			6		8		4
	6	2					1	5	

Su Doku

	5						8	
8			5		6			7
9			1	4	8			2
4				1				5
			6		5			
2				3				6
1			4	6	2			9
5			9		3			1
	4						2	

9		4			2	7		
	2	5						
	1			6	8			
	3			7	4			
7								9
			3	9			8	
			1	8			6	
						2	5	
		3	2			8		4

Blizzard

			2			8	9	
6		4				2		
			9	3		1		5
				9				8
			6		3			
1				5				
4		2		7	9			
		3				4		1
	1	7			5			

Blizzard

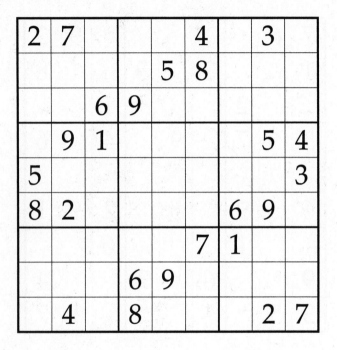

					2		8	
7	6		8	1	3			
		2		4				
	5		2			3		
6				8				2
		3			4		9	
				3		6		
			9	5	1		4	8
	8		7					

Blizzard

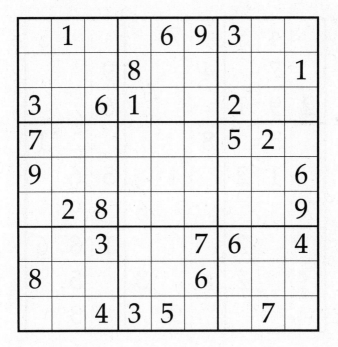

	4			7				
	7		4			9		
2	9	1				6		
	5		8					1
	1	2		4		5	6	
7					6		9	
		3				1	8	6
		7			3		5	
				9			3	

	9	7			8			
		8						
1				5	4			2
3			4			5		
		2	8	9	3	4		
		1			2			9
8			3	4				5
						3		
			2			8	6	

Blizzard

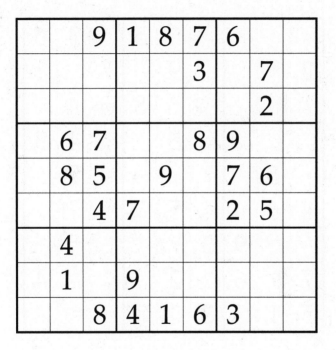

		9	1	8	7	6		
					3		7	
						2		
	6	7			8	9		
	8	5		9		7	6	
		4	7			2	5	
	4							
	1		9					
		8	4	1	6	3		

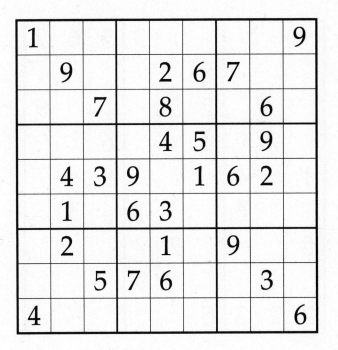

Blizzard

					3	5	6	2
			8					
			2	5				9
	7	9	4			6		
1		4				9		7
		6			1	4	3	
8				2	7			
					9			
7	2	3	5					

				6	9	5		
		1	3					
7		9	1			2	6	
1						3	9	
2								6
	4	6						2
	8	3			7	6		4
					5	9		
		7	9	3				

Blizzard

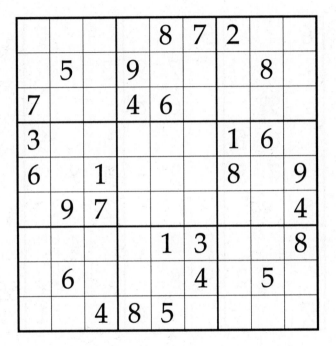

Blizzard

6			3					7
				7	9	3		
	9			6	8			
	6	5						9
	7	3		2		4	8	
8						2	3	
			7	3			4	
		2	9	8				
7					4			1

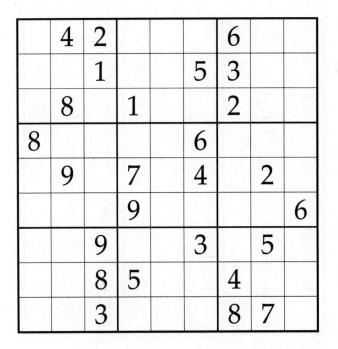

	6	4				2		
		5			3			8
7					5		3	6
	7	6		5				
			7	1	9			
				6		8	7	
2	9		5					3
4			2			6		
		7				5	9	

7		8			3			2
		9				6		
	3			4			5	7
9			4		1			
		7		9		8		
			7		2			4
2	9			6			7	
		4				2		
1			3			4		9

Blizzard

	6			1	8	7		
				6				5
9				5				2
		9			3		6	
		2				9		
	1		7			8		
4				3				8
5				4				
		8	6	7			4	

7	2							6
9			1	2				
4								
	6				5		1	
	1		9		8		2	
	7		3				5	
								8
				7	3			2
3							9	4

5		8		2		1	3	6
1			6					
4								5
				3			9	
2			1		8			7
	8			5				
8								9
					7			4
9	2	4		1		8		3

		5	1		7	8		
1			5	3	8			7
		3	8		2	9		
	6	4				7	2	
		1	6		4	3		
9			3	8	1			5
		8	7		5	6		

Blizzard

4		8		9			3	
	2					1	6	4
5							9	
			6	2				
7			5		3			9
				7	1			
	5							3
2	8	4					1	
	7			5		4		2

	6		2		8		3	
	8			3			5	
		5				2		
4			1		6			9
		3		8		6		
1			5		3			4
		2				5		
	1			6			9	
	3		7		5		4	

	6		5				4	
8	1		2				9	3
				3	9			
		7					6	1
		6				2		
4	2					3		
			9	7				
5	9				6		2	7
	3				5		1	

					1	2		
		9	3			5		
4	1	8				6	9	
2			1		6		5	
				7				
	8		5		9			4
	9	2				3	8	5
		1			5	9		
		5	2					

		4				8		
	8		3		5		2	
			1		4			
4		3				5		1
			4		6			
5		8				4		7
			6		3			
	5		9		8		4	
		7				9		

Su Doku

	8						9	
3			4		2	1		8
2	5				3	4		
			3					
			2		7			
					5			
		2	7				1	6
6		5	1		9			3
	1						8	

Blizzard

1	2	8		5				3
5	3							
7		9	8	4				
		5			7			
9		6				4		5
			4			3		
				7	2	5		4
							3	6
4				6		9	2	7

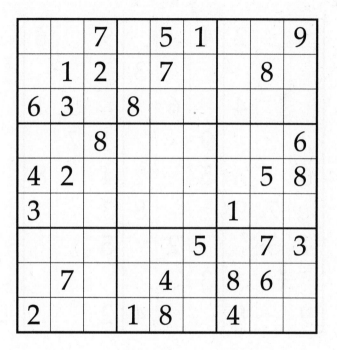

		2	4			9		6
					3			
		4		6			5	1
			9			1	7	
6			5		2			8
	7	9			8			
1	3			2		5		
			3					
9		8			4	2		

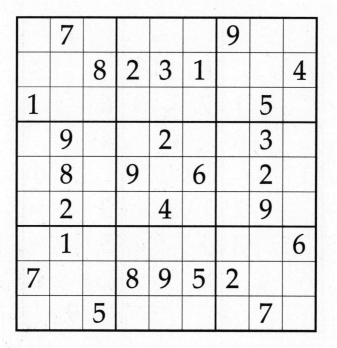

Blizzard

	5						4	
4			6	1	5			3
		1	7		3	6		
		8		2		4		
1								6
		2		8		3		
		3	1		4	5		
6			8	5	9			1
	1						9	

	8	5	3					
6	9		8					
2				9	4			
9	3					6		
		8		4		3		
		1					7	9
			4	7				6
					8		9	7
					9	8	1	

Blizzard

	6	3		4		5		
9						2		
5			1			6	4	7
		7	2					
6								4
					4	8		
3	2	6			7			8
		8						5
		5		6		1	3	

			7				5	
	9	3				2		
7					3			4
	6	9		7				
4			2		5			8
				9		3	4	
9			5					2
		8				5	3	
	7				1			

Blizzard

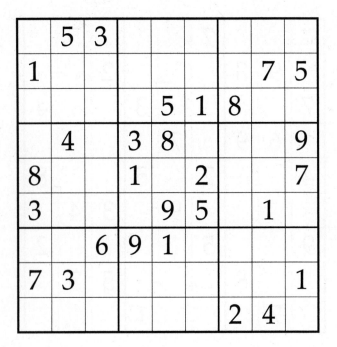

			3	5			7	
5						4		
	4			9	7			
		8		1				7
7		6	5		9	3		4
2				7		9		
			8	4			6	
		1						8
	8			3	6			

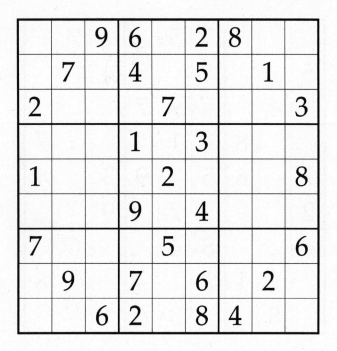

				2		4		
	4	2	8		3		5	
9				4			1	
	2						6	
6		5				3		8
	8						9	
	7			8				1
	9		7		5	6	4	
		1		6				

Blizzard

				7				
	5	2					1	
		3	8		4	6		
						5	7	
9		6				8		4
	4	8						
		5	7		1	4		
	3					1	6	
				2				

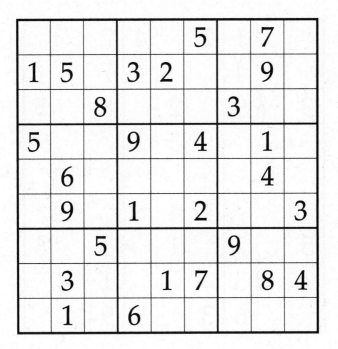

		1	7		4	2		
		4				7		
3		9		2		8		5
			9	5	3			
	1						3	
			1	4	8			
5		7		1		3		6
		3				1		
		6	3		5	9		

						9		
	3	1		9		2	4	
6	4		3				1	
			5		6	7		
	6			8			5	
		4	7		9			
	9				5		8	4
	8	5		3			1	6	
		6						

		8	1			5		
1	6			2				7
			7	3		2		
	7							4
8				6				2
2							8	
	3		7	8				
6				4			3	5
		2			1	9		

Solutions

Solutions

1

7	5	6	1	2	3	9	8	4
3	2	4	6	8	9	5	1	7
1	9	8	7	5	4	2	6	3
9	7	3	8	1	5	4	2	6
5	4	2	3	6	7	8	9	1
6	8	1	9	4	2	7	3	5
8	1	9	5	7	6	3	4	2
4	6	5	2	3	8	1	7	9
2	3	7	4	9	1	6	5	8

2

9	8	2	7	4	6	1	3	5
6	1	3	5	8	9	7	2	4
4	5	7	2	1	3	9	8	6
1	2	8	3	5	7	4	6	9
5	4	6	9	2	8	3	1	7
3	7	9	4	6	1	2	5	8
8	3	4	6	7	2	5	9	1
2	6	5	1	9	4	8	7	3
7	9	1	8	3	5	6	4	2

3

5	1	6	3	8	2	9	4	7
7	8	2	1	9	4	5	3	6
4	9	3	6	5	7	1	8	2
8	2	9	5	3	6	4	7	1
1	7	4	8	2	9	6	5	3
6	3	5	4	7	1	2	9	8
3	5	1	9	6	8	7	2	4
9	4	7	2	1	3	8	6	5
2	6	8	7	4	5	3	1	9

4

9	1	8	2	3	5	7	4	6
4	7	2	1	9	6	3	5	8
6	5	3	4	7	8	2	9	1
1	8	6	7	5	3	9	2	4
7	9	4	6	8	2	5	1	3
2	3	5	9	1	4	6	8	7
5	4	1	3	2	7	8	6	9
8	6	7	5	4	9	1	3	2
3	2	9	8	6	1	4	7	5

5

1	5	**3**	**2**	8	6	9	**4**	7
8	**9**	6	7	1	4	2	**3**	5
7	4	**2**	3	**5**	9	**8**	6	**1**
2	1	4	8	**6**	3	5	7	**9**
3	8	**9**	**1**	7	**5**	**6**	2	4
5	6	7	9	**4**	2	3	1	8
4	7	**5**	6	**3**	8	**1**	9	2
9	**3**	8	4	2	1	7	**5**	**6**
6	**2**	1	5	9	**7**	**4**	8	3

6

8	4	3	5	6	**7**	2	**1**	9
7	**1**	9	**2**	4	8	**3**	6	5
6	2	5	**1**	3	**9**	8	**4**	**7**
2	6	**1**	7	9	4	5	**8**	3
9	7	8	**3**	1	**5**	4	2	6
3	**5**	4	8	2	6	**9**	7	1
1	**3**	7	**4**	5	**2**	6	9	**8**
5	9	**2**	6	8	**1**	7	**3**	4
4	**8**	6	**9**	7	3	1	5	**2**

Solutions

1	3	7	4	2	5	8	6	9
2	8	6	3	9	7	4	5	1
9	5	4	8	1	6	7	2	3
5	9	1	7	6	8	3	4	2
3	6	2	1	4	9	5	7	8
4	7	8	2	5	3	9	1	6
7	1	5	9	8	2	6	3	4
8	2	3	6	7	4	1	9	5
6	4	9	5	3	1	2	8	7

9	6	2	7	5	1	4	3	8
5	4	8	2	9	3	7	1	6
7	1	3	4	8	6	2	9	5
2	5	4	3	1	8	9	6	7
1	7	6	5	4	9	3	8	2
3	8	9	6	7	2	1	5	4
4	9	5	1	6	7	8	2	3
8	3	7	9	2	5	6	4	1
6	2	1	8	3	4	5	7	9

Su Doku

9

2	7	5	9	8	3	4	6	1
1	6	3	2	7	4	8	9	5
4	8	9	6	5	1	2	7	3
6	4	8	1	2	5	9	3	7
9	1	2	7	3	6	5	8	4
3	5	7	8	4	9	6	1	2
5	9	1	4	6	7	3	2	8
8	3	6	5	1	2	7	4	9
7	2	4	3	9	8	1	5	6

10

5	8	6	7	4	3	9	1	2
2	9	1	6	5	8	7	4	3
3	7	4	1	2	9	6	5	8
8	3	7	9	6	1	5	2	4
1	4	9	2	8	5	3	6	7
6	2	5	3	7	4	1	8	9
4	6	3	5	9	2	8	7	1
9	5	8	4	1	7	2	3	6
7	1	2	8	3	6	4	9	5

11

2	5	7	8	3	6	4	9	1
1	9	6	7	4	2	3	8	5
3	4	8	5	1	9	2	6	7
5	2	3	4	9	8	1	7	6
8	6	1	3	2	7	9	5	4
9	7	4	6	5	1	8	3	2
4	8	5	2	6	3	7	1	9
6	3	9	1	7	4	5	2	8
7	1	2	9	8	5	6	4	3

12

7	2	8	6	4	1	5	9	3
1	9	4	3	7	5	2	6	8
3	6	5	8	9	2	7	1	4
8	3	6	7	1	4	9	2	5
5	7	9	2	8	6	3	4	1
2	4	1	5	3	9	8	7	6
9	8	3	1	6	7	4	5	2
4	1	2	9	5	8	6	3	7
6	5	7	4	2	3	1	8	9

13

4	1	5	7	9	6	2	8	3
9	7	6	3	2	8	5	1	4
8	3	2	1	4	5	9	7	6
7	6	8	4	3	2	1	5	9
2	4	3	5	1	9	7	6	8
5	9	1	6	8	7	4	3	2
6	2	7	9	5	3	8	4	1
1	5	9	8	6	4	3	2	7
3	8	4	2	7	1	6	9	5

14

5	9	4	3	7	6	1	8	2
2	6	1	9	5	8	7	3	4
7	8	3	1	4	2	5	9	6
6	5	8	7	3	9	2	4	1
1	2	7	8	6	4	3	5	9
3	4	9	2	1	5	6	7	8
9	7	5	6	8	1	4	2	3
8	3	6	4	2	7	9	1	5
4	1	2	5	9	3	8	6	7

15

6	1	7	5	2	8	4	3	9
3	8	4	9	7	1	5	6	2
9	5	2	3	4	6	1	8	7
2	4	8	7	9	5	3	1	6
5	9	3	6	1	4	7	2	8
1	7	6	2	8	3	9	4	5
4	2	1	8	5	9	6	7	3
7	6	9	4	3	2	8	5	1
8	3	5	1	6	7	2	9	4

16

6	9	2	3	1	8	5	7	4
5	7	8	2	6	4	3	1	9
3	1	4	9	5	7	8	6	2
2	4	3	1	8	9	7	5	6
9	8	6	5	7	3	2	4	1
7	5	1	4	2	6	9	3	8
8	6	9	7	4	5	1	2	3
4	2	7	8	3	1	6	9	5
1	3	5	6	9	2	4	8	7

17

1	7	9	4	6	5	2	8	3
4	5	8	7	3	2	1	6	9
6	3	2	8	9	1	4	7	5
5	1	6	2	8	4	9	3	7
3	9	4	5	7	6	8	1	2
8	2	7	9	1	3	6	5	4
2	6	5	1	4	7	3	9	8
9	4	1	3	5	8	7	2	6
7	8	3	6	2	9	5	4	1

18

4	1	6	9	5	3	7	2	8
5	2	8	7	4	6	1	3	9
9	3	7	8	2	1	5	4	6
6	8	1	3	7	2	4	9	5
2	9	3	4	8	5	6	1	7
7	5	4	6	1	9	2	8	3
8	4	5	2	9	7	3	6	1
3	7	9	1	6	4	8	5	2
1	6	2	5	3	8	9	7	4

19

1	6	7	3	2	8	4	9	5
8	9	3	1	4	5	7	2	6
5	4	2	6	9	7	3	8	1
2	8	5	9	3	4	6	1	7
7	1	9	2	5	6	8	4	3
4	3	6	7	8	1	2	5	9
3	2	1	4	7	9	5	6	8
6	5	4	8	1	3	9	7	2
9	7	8	5	6	2	1	3	4

20

3	4	8	2	5	7	6	1	9
9	2	5	6	1	8	7	3	4
1	6	7	9	4	3	5	8	2
2	5	6	7	9	1	3	4	8
7	3	4	8	2	6	9	5	1
8	1	9	5	3	4	2	6	7
4	9	2	1	6	5	8	7	3
6	8	3	4	7	2	1	9	5
5	7	1	3	8	9	4	2	6

Su Doku

21

7	9	2	4	1	6	8	3	5
4	8	5	7	9	3	6	1	2
6	3	1	2	8	5	9	4	7
1	4	7	6	5	8	3	2	9
2	5	9	1	3	7	4	6	8
3	6	8	9	2	4	5	7	1
9	1	3	8	4	2	7	5	6
5	2	6	3	7	9	1	8	4
8	7	4	5	6	1	2	9	3

22

1	4	3	9	8	2	7	6	5
5	2	9	1	7	6	8	4	3
6	8	7	4	5	3	1	2	9
8	3	5	6	4	1	9	7	2
2	6	1	7	3	9	4	5	8
7	9	4	8	2	5	3	1	6
9	1	8	2	6	7	5	3	4
4	5	6	3	1	8	2	9	7
3	7	2	5	9	4	6	8	1

23

1	8	6	4	5	2	9	3	7
9	5	4	8	7	3	6	2	1
3	2	7	9	1	6	5	4	8
6	7	9	1	2	5	3	8	4
8	1	3	7	6	4	2	5	9
5	4	2	3	9	8	7	1	6
4	9	1	2	3	7	8	6	5
2	6	8	5	4	9	1	7	3
7	3	5	6	8	1	4	9	2

24

9	4	6	7	3	8	1	2	5
3	7	5	4	1	2	8	6	9
8	2	1	6	5	9	3	7	4
7	1	2	3	9	4	5	8	6
4	5	8	1	7	6	9	3	2
6	9	3	8	2	5	7	4	1
1	6	4	5	8	7	2	9	3
2	3	7	9	6	1	4	5	8
5	8	9	2	4	3	6	1	7

25

9	2	5	3	8	**4**	**1**	7	6
3	**6**	4	**2**	1	7	**8**	**9**	5
7	**8**	**1**	**5**	6	9	**2**	4	3
2	9	7	1	5	8	**6**	**3**	4
4	3	6	7	**9**	2	5	1	8
1	**5**	**8**	6	4	3	7	2	**9**
6	4	**2**	9	7	**5**	**3**	**8**	**1**
8	**1**	**3**	4	2	**6**	9	**5**	7
5	7	**9**	**8**	3	1	4	6	2

26

7	**6**	9	8	3	1	4	**2**	5
2	3	**1**	9	4	5	**8**	6	7
5	**4**	8	**6**	7	2	3	**9**	1
9	2	7	4	**5**	6	**1**	8	3
8	**5**	3	2	**1**	9	7	**4**	6
4	1	**6**	3	**8**	7	2	5	**9**
6	**7**	4	5	2	**3**	9	**1**	8
3	8	**5**	1	9	4	**6**	7	2
1	**9**	2	7	6	8	5	**3**	4

27

1	9	3	2	4	7	8	5	6
5	8	6	3	1	9	4	7	2
2	7	4	8	5	6	1	3	9
4	2	5	1	8	3	9	6	7
9	6	8	7	2	5	3	4	1
3	1	7	9	6	4	5	2	8
6	5	9	4	7	1	2	8	3
7	3	2	5	9	8	6	1	4
8	4	1	6	3	2	7	9	5

28

4	6	5	2	8	3	7	1	9
1	9	2	6	4	7	3	8	5
3	7	8	9	5	1	4	2	6
7	8	3	4	2	5	9	6	1
5	2	4	1	6	9	8	7	3
9	1	6	3	7	8	5	4	2
2	5	7	8	3	6	1	9	4
8	4	1	5	9	2	6	3	7
6	3	9	7	1	4	2	5	8

4	**6**	7	5	3	2	1	**8**	9
5	1	2	**7**	9	**8**	3	6	**4**
3	8	**9**	6	1	4	**7**	2	**5**
6	3	1	**4**	**2**	**5**	9	7	8
7	5	**8**	9	6	1	**4**	3	2
9	2	4	**8**	**7**	**3**	5	1	6
8	9	**6**	3	4	7	**2**	5	**1**
2	7	5	**1**	8	**9**	6	4	**3**
1	**4**	3	2	5	6	8	**9**	7

9	1	**6**	5	2	3	7	4	**8**
3	7	**4**	9	8	**1**	2	6	**5**
5	**8**	2	4	**7**	**6**	**9**	1	3
1	**2**	7	**3**	5	8	6	9	4
6	9	**3**	1	**4**	7	**5**	8	2
8	4	5	6	9	**2**	3	**7**	1
2	3	**1**	**8**	6	9	4	**5**	7
7	5	9	**2**	1	4	**8**	3	6
4	6	8	7	3	5	**1**	2	9

8	4	6	5	7	2	9	1	3
2	9	1	4	3	6	8	5	7
3	5	7	8	1	9	6	4	2
9	1	8	7	6	3	4	2	5
4	3	5	1	2	8	7	9	6
7	6	2	9	4	5	3	8	1
6	7	9	2	5	4	1	3	8
1	2	4	3	8	7	5	6	9
5	8	3	6	9	1	2	7	4

7	8	5	4	9	3	6	2	1
3	4	2	7	1	6	5	9	8
1	6	9	5	8	2	7	3	4
2	7	8	6	5	1	9	4	3
4	1	3	2	7	9	8	5	6
9	5	6	8	3	4	1	7	2
6	2	7	1	4	5	3	8	9
8	3	4	9	6	7	2	1	5
5	9	1	3	2	8	4	6	7

33

7	8	5	9	1	2	4	3	6
6	4	3	5	8	7	2	1	9
1	9	2	3	4	6	8	7	5
3	5	1	7	6	4	9	2	8
4	7	9	2	3	8	5	6	1
8	2	6	1	5	9	3	4	7
5	1	7	4	9	3	6	8	2
2	6	4	8	7	5	1	9	3
9	3	8	6	2	1	7	5	4

34

8	5	2	9	6	4	3	7	1
6	1	9	8	3	7	5	4	2
4	7	3	1	2	5	9	6	8
2	8	7	4	5	1	6	3	9
1	9	6	3	7	2	8	5	4
3	4	5	6	9	8	1	2	7
7	6	1	2	8	3	4	9	5
5	3	4	7	1	9	2	8	6
9	2	8	5	4	6	7	1	3

35

7	4	2	5	3	1	8	9	6
5	9	1	7	8	6	3	4	2
8	3	6	2	9	4	7	1	5
4	8	9	6	1	5	2	7	3
1	5	7	3	2	8	9	6	4
2	6	3	9	4	7	5	8	1
9	1	5	4	7	2	6	3	8
3	2	8	1	6	9	4	5	7
6	7	4	8	5	3	1	2	9

36

3	6	1	4	8	9	7	2	5
4	8	5	7	6	2	1	9	3
2	7	9	1	3	5	4	6	8
6	2	3	5	9	7	8	1	4
5	1	4	6	2	8	9	3	7
7	9	8	3	1	4	6	5	2
9	3	7	8	5	6	2	4	1
1	4	2	9	7	3	5	8	6
8	5	6	2	4	1	3	7	9

37

4	2	3	5	1	8	7	6	9
6	9	8	4	3	7	1	5	2
7	1	5	6	2	9	3	8	4
9	7	6	2	5	3	4	1	8
2	8	1	9	4	6	5	7	3
3	5	4	8	7	1	2	9	6
8	3	2	7	9	5	6	4	1
5	4	9	1	6	2	8	3	7
1	6	7	3	8	4	9	2	5

38

9	7	4	2	6	5	1	3	8
2	5	3	9	1	8	6	4	7
6	8	1	7	4	3	5	9	2
1	9	2	4	8	7	3	5	6
7	4	6	5	3	2	9	8	1
5	3	8	1	9	6	2	7	4
8	1	7	6	5	9	4	2	3
4	2	5	3	7	1	8	6	9
3	6	9	8	2	4	7	1	5

39

1	3	5	**7**	2	4	6	9	8
2	6	**4**	9	**3**	8	7	1	5
7	9	**8**	6	5	**1**	**2**	**3**	4
4	1	**7**	5	8	9	**3**	6	**2**
8	**2**	**3**	4	**1**	6	**9**	**5**	7
9	5	**6**	2	7	3	**4**	8	1
5	**4**	**1**	**3**	**9**	**2**	**8**	7	6
6	8	9	1	**4**	7	**5**	2	3
3	7	2	8	6	**5**	1	4	9

40

1	6	3	2	5	**4**	**9**	7	8
9	**2**	**5**	6	8	**7**	**4**	1	3
4	**8**	7	9	1	3	6	**2**	**5**
3	**5**	6	**8**	2	9	1	**4**	**7**
2	9	4	3	7	1	5	8	6
7	**1**	8	4	6	**5**	2	**3**	9
6	**3**	9	7	4	2	8	**5**	1
5	7	**2**	**1**	9	**8**	**3**	**6**	4
8	4	**1**	**5**	3	6	7	9	**2**

41

3	8	**4**	9	**5**	**1**	6	2	7
2	1	**9**	**7**	**6**	3	5	8	4
7	6	5	2	**4**	8	1	**3**	**9**
8	4	1	5	9	2	3	**7**	6
6	**9**	**3**	8	7	4	**2**	**1**	**5**
5	**7**	2	3	1	6	9	4	**8**
1	**5**	7	4	**2**	9	8	6	3
9	3	6	1	**8**	**7**	**4**	5	2
4	2	8	**6**	**3**	5	**7**	9	1

42

4	6	3	**1**	8	2	**7**	**9**	5
1	2	7	4	9	**5**	8	6	3
5	8	**9**	**3**	**6**	7	**2**	4	1
6	**1**	4	9	2	3	**5**	7	**8**
9	5	**8**	7	**1**	4	**6**	3	2
3	7	**2**	8	5	6	4	**1**	9
2	3	**1**	6	**7**	**8**	9	5	**4**
7	9	5	**2**	4	1	3	8	**6**
8	**4**	**6**	5	3	**9**	1	2	7

43

8	9	6	2	7	5	1	4	3
4	7	2	6	3	1	5	9	8
1	5	3	9	8	4	6	2	7
9	8	5	4	1	7	3	6	2
6	3	1	5	9	2	8	7	4
7	2	4	3	6	8	9	1	5
3	4	9	8	2	6	7	5	1
2	6	7	1	5	3	4	8	9
5	1	8	7	4	9	2	3	6

44

1	7	5	3	4	6	9	8	2
9	2	8	5	7	1	3	4	6
4	6	3	8	9	2	1	5	7
3	9	2	7	8	5	6	1	4
8	4	6	2	1	9	5	7	3
5	1	7	6	3	4	8	2	9
7	3	9	1	2	8	4	6	5
6	8	4	9	5	7	2	3	1
2	5	1	4	6	3	7	9	8

Su Doku

45

3	9	5	6	1	8	4	2	7
8	2	4	9	7	5	1	3	6
1	6	7	2	3	4	5	8	9
2	3	9	4	8	1	6	7	5
6	7	8	5	9	2	3	4	1
4	5	1	3	6	7	8	9	2
9	4	6	1	2	3	7	5	8
7	1	3	8	5	9	2	6	4
5	8	2	7	4	6	9	1	3

46

5	6	1	3	9	7	8	4	2
3	9	4	5	8	2	7	6	1
8	7	2	6	1	4	3	5	9
9	3	7	8	5	1	4	2	6
2	1	5	4	6	3	9	8	7
4	8	6	2	7	9	1	3	5
1	4	8	7	2	5	6	9	3
6	2	9	1	3	8	5	7	4
7	5	3	9	4	6	2	1	8

47

3	4	8	9	7	5	6	1	2
1	2	7	8	4	6	9	3	5
5	6	9	2	3	1	8	7	4
7	8	2	6	1	9	4	5	3
4	3	5	7	8	2	1	9	6
6	9	1	4	5	3	2	8	7
2	5	6	3	9	8	7	4	1
9	1	4	5	2	7	3	6	8
8	7	3	1	6	4	5	2	9

48

4	5	2	1	8	7	3	9	6
9	7	3	5	4	6	8	1	2
6	1	8	2	3	9	5	4	7
8	3	5	6	2	4	1	7	9
2	6	9	7	5	1	4	3	8
1	4	7	8	9	3	6	2	5
7	8	4	3	6	2	9	5	1
5	9	1	4	7	8	2	6	3
3	2	6	9	1	5	7	8	4

49

3	1	**7**	**6**	2	4	**9**	5	**8**
4	6	2	8	5	9	1	7	3
9	5	8	7	**1**	3	**2**	4	**6**
2	9	**3**	4	**7**	6	**8**	1	5
6	7	**4**	**1**	8	**5**	**3**	9	2
5	8	**1**	3	**9**	2	**4**	6	**7**
8	4	**6**	9	**3**	7	5	2	1
7	3	5	2	4	1	6	8	**9**
1	2	**9**	5	6	**8**	**7**	3	4

50

3	**9**	6	**4**	8	**2**	7	**5**	1
2	5	8	**1**	7	3	4	**9**	**6**
7	1	**4**	9	6	5	**3**	8	2
8	**2**	7	**6**	3	4	9	1	**5**
1	3	9	5	2	7	6	4	8
6	4	5	8	1	**9**	2	**7**	**3**
4	8	**1**	2	9	6	**5**	3	7
5	**7**	2	3	4	**1**	8	6	**9**
9	**6**	3	**7**	5	**8**	1	**2**	4

51

5	6	7	4	1	9	8	2	3
8	9	2	6	7	3	4	1	5
1	4	3	2	5	8	9	6	7
7	1	9	3	8	4	2	5	6
4	2	5	1	6	7	3	9	8
6	3	8	5	9	2	7	4	1
2	8	6	9	3	5	1	7	4
3	5	4	7	2	1	6	8	9
9	7	1	8	4	6	5	3	2

52

4	5	1	6	3	9	7	2	8
9	2	8	7	5	1	6	4	3
7	3	6	2	8	4	1	9	5
3	7	2	4	6	8	5	1	9
1	9	5	3	7	2	8	6	4
8	6	4	9	1	5	3	7	2
6	4	3	8	9	7	2	5	1
5	8	9	1	2	6	4	3	7
2	1	7	5	4	3	9	8	6

53

9	2	3	4	1	5	6	7	8
8	6	5	3	9	7	4	1	2
7	4	1	8	2	6	5	3	9
3	9	7	2	8	4	1	6	5
5	8	6	7	3	1	9	2	4
4	1	2	6	5	9	7	8	3
1	3	4	5	6	8	2	9	7
2	7	9	1	4	3	8	5	6
6	5	8	9	7	2	3	4	1

54

6	2	3	7	9	8	5	1	4
8	4	1	2	5	6	3	9	7
5	7	9	1	4	3	6	2	8
3	5	4	9	6	2	7	8	1
1	8	6	3	7	4	9	5	2
2	9	7	5	8	1	4	3	6
7	6	5	8	1	9	2	4	3
4	1	2	6	3	5	8	7	9
9	3	8	4	2	7	1	6	5

55

7	5	2	1	8	4	3	9	6
4	8	1	3	9	6	5	2	7
6	3	9	2	5	7	8	4	1
3	7	5	4	6	1	2	8	9
2	4	6	9	3	8	1	7	5
1	9	8	5	7	2	4	6	3
9	1	4	6	2	3	7	5	8
5	2	7	8	1	9	6	3	4
8	6	3	7	4	5	9	1	2

56

5	8	1	9	2	7	4	6	3
7	4	2	6	8	3	9	5	1
3	9	6	5	1	4	8	7	2
2	7	5	4	6	1	3	8	9
4	6	8	7	3	9	2	1	5
9	1	3	2	5	8	7	4	6
6	3	9	8	7	5	1	2	4
8	2	4	1	9	6	5	3	7
1	5	7	3	4	2	6	9	8

57

6	7	3	2	4	1	9	8	5
2	8	4	5	9	6	7	3	1
5	9	1	7	8	3	4	2	6
3	4	9	1	6	8	2	5	7
7	2	8	9	5	4	1	6	3
1	6	5	3	2	7	8	4	9
4	1	6	8	7	5	3	9	2
9	5	7	4	3	2	6	1	8
8	3	2	6	1	9	5	7	4

58

1	9	2	8	6	4	3	5	7
8	7	3	5	2	9	6	1	4
5	4	6	3	7	1	2	9	8
2	8	4	6	9	7	5	3	1
7	1	5	4	3	2	9	8	6
3	6	9	1	8	5	4	7	2
9	5	8	2	1	6	7	4	3
6	3	7	9	4	8	1	2	5
4	2	1	7	5	3	8	6	9

59

1	2	3	8	6	7	5	9	4
4	5	9	3	2	1	7	6	8
6	8	7	4	9	5	1	3	2
8	6	1	9	3	4	2	5	7
7	4	2	5	8	6	3	1	9
9	3	5	7	1	2	8	4	6
2	1	4	6	7	3	9	8	5
5	7	8	1	4	9	6	2	3
3	9	6	2	5	8	4	7	1

60

2	1	4	5	8	6	3	7	9
9	5	6	2	7	3	8	1	4
7	3	8	9	1	4	5	6	2
4	8	5	1	6	9	2	3	7
6	9	7	3	5	2	1	4	8
3	2	1	8	4	7	9	5	6
8	7	3	6	2	1	4	9	5
5	6	9	4	3	8	7	2	1
1	4	2	7	9	5	6	8	3

61

5	4	2	3	6	8	7	1	9
7	8	9	4	2	1	3	5	6
6	3	1	9	7	5	2	8	4
2	9	8	1	5	3	4	6	7
3	7	5	6	4	9	1	2	8
1	6	4	2	8	7	5	9	3
8	2	6	5	3	4	9	7	1
4	1	7	8	9	2	6	3	5
9	5	3	7	1	6	8	4	2

62

9	6	2	3	8	5	1	4	7
3	7	5	1	2	4	8	6	9
1	8	4	6	9	7	5	2	3
7	3	6	2	1	8	9	5	4
2	4	9	7	5	3	6	8	1
8	5	1	4	6	9	3	7	2
4	9	3	5	7	6	2	1	8
5	2	7	8	3	1	4	9	6
6	1	8	9	4	2	7	3	5

63

2	7	9	5	8	3	6	1	4
4	8	1	7	2	6	9	3	5
5	6	3	4	1	9	8	2	7
6	9	5	1	3	7	4	8	2
7	2	4	9	6	8	1	5	3
3	1	8	2	4	5	7	6	9
1	4	7	8	5	2	3	9	6
9	3	2	6	7	1	5	4	8
8	5	6	3	9	4	2	7	1

64

3	6	8	5	7	4	9	2	1
5	2	1	8	3	9	4	7	6
9	4	7	2	1	6	5	8	3
1	3	2	7	9	8	6	4	5
4	7	6	3	5	1	8	9	2
8	9	5	6	4	2	1	3	7
2	8	4	1	6	3	7	5	9
7	1	3	9	8	5	2	6	4
6	5	9	4	2	7	3	1	8

65

6	7	3	8	1	9	2	5	4
2	4	5	3	6	7	1	9	8
9	8	1	5	4	2	6	7	3
8	2	7	6	3	1	5	4	9
1	9	4	7	8	5	3	2	6
3	5	6	2	9	4	7	8	1
5	6	9	1	7	8	4	3	2
4	3	2	9	5	6	8	1	7
7	1	8	4	2	3	9	6	5

66

8	5	4	2	9	1	7	6	3
7	3	6	5	8	4	9	2	1
9	1	2	6	3	7	8	4	5
2	7	5	8	1	6	3	9	4
4	9	3	7	5	2	1	8	6
6	8	1	3	4	9	5	7	2
5	6	9	4	7	3	2	1	8
3	4	7	1	2	8	6	5	9
1	2	8	9	6	5	4	3	7

67

1	9	3	7	2	4	8	5	6
5	2	6	1	3	8	9	4	7
4	7	8	6	5	9	3	2	1
9	1	2	4	6	5	7	3	8
7	6	5	3	8	2	4	1	9
8	3	4	9	7	1	2	6	5
2	4	1	5	9	7	6	8	3
6	5	9	8	4	3	1	7	2
3	8	7	2	1	6	5	9	4

68

6	1	7	4	2	3	9	8	5
4	8	5	7	6	9	3	1	2
3	9	2	8	5	1	4	7	6
8	3	9	1	7	2	6	5	4
7	6	4	5	9	8	2	3	1
2	5	1	3	4	6	7	9	8
5	2	3	9	1	4	8	6	7
9	7	6	2	8	5	1	4	3
1	4	8	6	3	7	5	2	9

69

4	1	2	6	8	3	5	9	7
6	5	8	9	1	7	4	3	2
7	3	9	4	5	2	8	1	6
3	4	6	8	2	9	1	7	5
9	7	5	1	3	6	2	8	4
8	2	1	7	4	5	9	6	3
2	8	4	3	7	1	6	5	9
5	9	3	2	6	8	7	4	1
1	6	7	5	9	4	3	2	8

70

1	6	4	5	8	7	2	9	3
5	8	9	1	2	3	7	4	6
7	2	3	6	4	9	5	8	1
8	4	7	2	6	1	9	3	5
9	1	6	3	7	5	4	2	8
3	5	2	4	9	8	1	6	7
6	9	8	7	5	2	3	1	4
4	7	1	9	3	6	8	5	2
2	3	5	8	1	4	6	7	9

71

6	1	7	9	2	5	3	4	8
5	2	3	7	4	8	9	1	6
4	9	8	1	6	3	2	7	5
2	8	5	4	1	7	6	3	9
1	4	9	3	8	6	7	5	2
7	3	6	5	9	2	4	8	1
8	7	4	6	5	9	1	2	3
3	6	2	8	7	1	5	9	4
9	5	1	2	3	4	8	6	7

72

9	8	3	1	5	2	6	7	4
5	7	2	6	9	4	1	8	3
1	4	6	8	7	3	2	9	5
2	1	5	9	4	6	8	3	7
6	3	8	7	1	5	4	2	9
7	9	4	3	2	8	5	1	6
8	6	7	4	3	1	9	5	2
4	5	9	2	8	7	3	6	1
3	2	1	5	6	9	7	4	8

73

5	1	6	**3**	9	7	2	8	**4**
7	2	4	6	**8**	1	**5**	3	9
9	3	**8**	5	4	2	**1**	6	7
6	4	3	9	**5**	**8**	7	2	1
2	7	**5**	1	6	3	**4**	9	8
8	9	1	**7**	**2**	4	6	5	**3**
4	5	**2**	8	1	9	**3**	7	**6**
3	6	**9**	4	**7**	5	8	1	**2**
1	8	7	2	3	**6**	9	4	5

74

1	3	4	**5**	2	6	**7**	**8**	9
9	**8**	7	1	3	**4**	**5**	**6**	2
6	**5**	2	8	7	9	4	3	1
5	**2**	9	**7**	1	**8**	6	4	**3**
8	1	6	9	**4**	3	2	7	5
4	7	3	**2**	6	**5**	9	**1**	8
3	6	5	4	9	1	8	**2**	**7**
7	**4**	**8**	**3**	5	2	1	**9**	**6**
2	**9**	**1**	6	8	**7**	3	5	4

75

8	9	5	3	7	2	1	6	4
6	2	1	9	5	4	3	7	8
7	3	4	8	6	1	2	9	5
5	6	3	1	9	7	4	8	2
2	4	9	6	8	5	7	1	3
1	7	8	2	4	3	9	5	6
4	1	7	5	3	6	8	2	9
3	8	6	7	2	9	5	4	1
9	5	2	4	1	8	6	3	7

76

5	2	3	4	7	6	8	1	9
8	9	6	1	5	3	7	4	2
4	1	7	8	9	2	5	6	3
7	6	4	2	3	9	1	5	8
3	5	1	7	4	8	2	9	6
2	8	9	5	6	1	3	7	4
9	7	2	3	1	4	6	8	5
1	4	8	6	2	5	9	3	7
6	3	5	9	8	7	4	2	1

2	3	9	7	6	**1**	8	5	**4**
8	**5**	1	**9**	**3**	**4**	7	6	2
4	6	**7**	**8**	2	5	9	1	3
9	**8**	**5**	6	4	2	1	**3**	**7**
7	**1**	3	5	9	8	4	**2**	6
6	**2**	4	3	1	7	**5**	**9**	8
5	4	2	1	8	**3**	**6**	7	9
3	7	6	**4**	**5**	**9**	2	**8**	1
1	9	8	**2**	7	6	3	4	5

3	7	9	1	2	8	4	6	5
8	**5**	**4**	6	7	9	**3**	**2**	1
2	1	**6**	5	**4**	3	**9**	7	**8**
5	2	8	**4**	3	**6**	7	1	9
1	**9**	7	8	5	2	6	**4**	**3**
6	4	3	**7**	9	**1**	5	8	2
7	3	**1**	2	**6**	5	**8**	9	**4**
9	**6**	**2**	3	8	4	**1**	**5**	7
4	8	5	9	1	7	2	3	6

79

2	6	9	4	5	8	1	7	3
3	5	7	6	1	9	8	2	4
8	1	4	2	3	7	5	6	9
5	3	8	1	6	2	9	4	7
6	9	2	7	4	5	3	1	8
7	4	1	8	9	3	2	5	6
9	2	6	3	7	1	4	8	5
4	8	3	5	2	6	7	9	1
1	7	5	9	8	4	6	3	2

80

6	5	2	3	7	9	1	8	4
8	1	4	5	2	6	9	3	7
9	3	7	1	4	8	5	6	2
4	6	3	2	1	7	8	9	5
7	8	1	6	9	5	2	4	3
2	9	5	8	3	4	7	1	6
1	7	8	4	6	2	3	5	9
5	2	6	9	8	3	4	7	1
3	4	9	7	5	1	6	2	8

Su Doku

81

9	6	4	5	1	2	7	3	8
8	2	5	7	4	3	1	9	6
3	1	7	9	6	8	4	2	5
5	3	9	8	7	4	6	1	2
7	8	1	6	2	5	3	4	9
2	4	6	3	9	1	5	8	7
4	5	2	1	8	7	9	6	3
6	7	8	4	3	9	2	5	1
1	9	3	2	5	6	8	7	4

82

5	3	1	2	6	7	8	9	4
6	9	4	5	1	8	2	3	7
2	7	8	9	3	4	1	6	5
3	2	6	4	9	1	7	5	8
7	4	5	6	8	3	9	1	2
1	8	9	7	5	2	3	4	6
4	6	2	1	7	9	5	8	3
9	5	3	8	2	6	4	7	1
8	1	7	3	4	5	6	2	9

83

3	5	6	8	7	4	9	2	1
2	7	9	6	3	1	8	4	5
4	8	1	2	9	5	3	7	6
5	2	7	4	8	6	1	9	3
1	3	4	5	2	9	6	8	7
9	6	8	3	1	7	2	5	4
7	4	3	9	6	8	5	1	2
6	9	5	1	4	2	7	3	8
8	1	2	7	5	3	4	6	9

84

2	7	8	4	9	6	3	5	1
5	9	3	2	7	1	8	4	6
1	4	6	3	5	8	2	9	7
4	1	9	6	2	5	7	8	3
8	2	7	9	3	4	1	6	5
3	6	5	8	1	7	9	2	4
9	3	1	5	4	2	6	7	8
7	8	4	1	6	9	5	3	2
6	5	2	7	8	3	4	1	9

9	3	2	6	1	8	5	4	7
5	4	6	9	7	3	8	1	2
8	7	1	5	4	2	6	9	3
4	2	7	1	9	5	3	6	8
6	1	5	3	8	4	2	7	9
3	8	9	7	2	6	4	5	1
2	9	8	4	5	7	1	3	6
1	5	3	8	6	9	7	2	4
7	6	4	2	3	1	9	8	5

6	8	9	5	2	7	3	4	1
7	2	1	4	9	3	5	8	6
4	5	3	1	8	6	9	2	7
2	7	8	9	6	4	1	3	5
3	9	5	7	1	8	4	6	2
1	4	6	3	5	2	7	9	8
8	3	7	2	4	1	6	5	9
9	1	2	6	3	5	8	7	4
5	6	4	8	7	9	2	1	3

87

1	2	4	9	7	5	3	8	6
8	3	6	1	4	2	7	5	9
9	5	7	8	6	3	4	1	2
2	4	9	5	3	7	8	6	1
3	7	8	2	1	6	5	9	4
5	6	1	4	8	9	2	7	3
4	8	2	6	5	1	9	3	7
7	1	5	3	9	4	6	2	8
6	9	3	7	2	8	1	4	5

88

2	7	1	8	4	6	3	9	5
5	3	9	1	2	7	8	4	6
6	4	8	9	3	5	2	7	1
4	9	6	5	7	2	1	8	3
3	8	5	4	1	9	6	2	7
7	1	2	6	8	3	4	5	9
8	5	7	2	6	1	9	3	4
9	6	4	3	5	8	7	1	2
1	2	3	7	9	4	5	6	8

7	6	5	8	4	1	3	9	2
1	9	3	2	6	5	7	4	8
8	4	2	9	7	3	1	6	5
5	1	7	3	9	2	4	8	6
2	8	4	1	5	6	9	7	3
6	3	9	7	8	4	2	5	1
4	7	1	5	3	8	6	2	9
9	2	8	6	1	7	5	3	4
3	5	6	4	2	9	8	1	7

2	7	8	1	6	4	5	3	9
3	1	9	7	5	8	4	6	2
4	5	6	9	2	3	7	1	8
7	9	1	3	8	6	2	5	4
5	6	4	2	1	9	8	7	3
8	2	3	4	7	5	6	9	1
9	3	2	5	4	7	1	8	6
1	8	7	6	9	2	3	4	5
6	4	5	8	3	1	9	2	7

91

1	4	5	6	7	2	9	8	3
7	6	9	8	1	3	2	5	4
8	3	2	5	4	9	1	6	7
4	5	8	2	9	7	3	1	6
6	9	1	3	8	5	4	7	2
2	7	3	1	6	4	8	9	5
5	1	7	4	3	8	6	2	9
3	2	6	9	5	1	7	4	8
9	8	4	7	2	6	5	3	1

92

6	9	3	5	7	1	2	4	8
7	5	8	3	2	4	1	6	9
1	2	4	8	6	9	3	7	5
3	1	7	9	4	5	8	2	6
4	6	5	1	8	2	7	9	3
2	8	9	7	3	6	4	5	1
8	4	1	6	9	7	5	3	2
9	3	2	4	5	8	6	1	7
5	7	6	2	1	3	9	8	4

93

4	1	2	5	6	9	3	8	7
5	7	9	8	2	3	4	6	1
3	8	6	1	7	4	2	9	5
7	4	1	6	9	8	5	2	3
9	3	5	7	1	2	8	4	6
6	2	8	4	3	5	7	1	9
1	9	3	2	8	7	6	5	4
8	5	7	9	4	6	1	3	2
2	6	4	3	5	1	9	7	8

94

5	4	6	2	7	9	3	1	8
3	7	8	4	6	1	9	2	5
2	9	1	3	8	5	6	7	4
6	5	9	8	3	2	7	4	1
8	1	2	9	4	7	5	6	3
7	3	4	5	1	6	8	9	2
9	2	3	7	5	4	1	8	6
1	8	7	6	2	3	4	5	9
4	6	5	1	9	8	2	3	7

5	9	7	6	2	8	1	4	3
2	4	8	1	3	9	7	5	6
1	6	3	7	5	4	9	8	2
3	7	9	4	6	1	5	2	8
6	5	2	8	9	3	4	7	1
4	8	1	5	7	2	6	3	9
8	1	6	3	4	7	2	9	5
7	2	5	9	8	6	3	1	4
9	3	4	2	1	5	8	6	7

5	8	6	2	7	4	9	3	1
1	3	2	8	5	9	4	7	6
4	7	9	3	1	6	5	8	2
3	6	7	5	2	1	8	9	4
8	4	5	6	9	7	2	1	3
9	2	1	4	3	8	7	6	5
2	5	8	7	6	3	1	4	9
6	1	4	9	8	5	3	2	7
7	9	3	1	4	2	6	5	8

97

4	3	2	8	7	1	5	6	9
7	8	6	9	5	3	4	2	1
5	9	1	2	6	4	8	3	7
2	6	8	5	4	7	1	9	3
9	4	3	1	2	6	7	8	5
1	7	5	3	9	8	6	4	2
8	5	4	7	3	9	2	1	6
6	2	9	4	1	5	3	7	8
3	1	7	6	8	2	9	5	4

98

6	1	5	4	3	7	2	8	9
4	3	7	8	2	9	5	1	6
8	2	9	5	6	1	7	4	3
3	7	1	6	5	8	9	2	4
2	5	8	9	4	3	6	7	1
9	4	6	1	7	2	8	3	5
7	9	4	3	8	6	1	5	2
5	6	2	7	1	4	3	9	8
1	8	3	2	9	5	4	6	7

4	2	9	1	8	7	6	3	5
8	5	6	2	4	3	1	7	9
7	3	1	6	5	9	8	2	4
1	6	7	5	2	8	9	4	3
2	8	5	3	9	4	7	6	1
3	9	4	7	6	1	2	5	8
9	4	3	8	7	2	5	1	6
6	1	2	9	3	5	4	8	7
5	7	8	4	1	6	3	9	2

9	8	1	2	7	5	4	3	6
2	4	5	6	9	3	7	8	1
6	7	3	4	1	8	5	2	9
3	9	7	1	8	6	2	4	5
1	5	2	7	3	4	6	9	8
4	6	8	9	5	2	3	1	7
8	2	9	5	4	7	1	6	3
7	3	6	8	2	1	9	5	4
5	1	4	3	6	9	8	7	2

101

3	8	6	5	2	4	1	7	9
9	4	1	7	8	3	6	2	5
2	5	7	1	6	9	3	8	4
8	6	9	2	7	5	4	3	1
7	1	4	6	3	8	5	9	2
5	2	3	4	9	1	7	6	8
4	7	2	9	1	6	8	5	3
1	9	8	3	5	7	2	4	6
6	3	5	8	4	2	9	1	7

102

9	1	6	7	5	2	3	4	8
3	4	7	6	1	8	2	5	9
2	8	5	9	4	3	6	7	1
8	6	1	5	9	4	7	3	2
5	9	3	1	2	7	8	6	4
4	7	2	3	8	6	1	9	5
1	3	4	8	7	9	5	2	6
6	2	8	4	3	5	9	1	7
7	5	9	2	6	1	4	8	3

103

6	7	1	4	8	3	5	9	2
2	9	4	7	1	5	6	3	8
5	8	3	9	6	2	4	7	1
4	5	7	1	9	6	8	2	3
3	6	8	2	4	7	9	1	5
9	1	2	3	5	8	7	6	4
8	4	9	6	2	1	3	5	7
7	2	5	8	3	9	1	4	6
1	3	6	5	7	4	2	8	9

104

1	3	7	6	5	4	2	9	8
6	5	8	3	9	2	4	7	1
9	4	2	7	8	1	5	3	6
7	9	6	2	4	5	8	1	3
4	8	3	9	1	7	6	5	2
2	1	5	8	3	6	9	4	7
3	2	9	5	7	8	1	6	4
8	7	4	1	6	9	3	2	5
5	6	1	4	2	3	7	8	9

105

1	6	2	4	5	7	3	8	9
8	9	4	3	2	6	7	1	5
3	5	7	1	8	9	4	6	2
6	7	8	2	4	5	1	9	3
5	4	3	9	7	1	6	2	8
2	1	9	6	3	8	5	4	7
7	2	6	8	1	3	9	5	4
9	8	5	7	6	4	2	3	1
4	3	1	5	9	2	8	7	6

106

9	4	8	7	1	3	5	6	2
5	1	2	8	9	6	7	4	3
6	3	7	2	5	4	8	1	9
3	7	9	4	8	5	6	2	1
1	5	4	3	6	2	9	8	7
2	8	6	9	7	1	4	3	5
8	9	1	6	2	7	3	5	4
4	6	5	1	3	9	2	7	8
7	2	3	5	4	8	1	9	6

107

8	5	6	2	4	1	7	9	3
4	2	9	8	3	7	1	6	5
3	1	7	6	5	9	4	2	8
2	8	1	7	6	5	3	4	9
5	7	4	3	9	8	6	1	2
9	6	3	1	2	4	5	8	7
6	3	5	9	1	2	8	7	4
1	9	8	4	7	3	2	5	6
7	4	2	5	8	6	9	3	1

108

4	8	9	3	5	1	2	7	6
1	2	7	4	9	6	5	3	8
3	5	6	7	2	8	4	9	1
2	4	3	8	6	5	7	1	9
8	7	5	1	3	9	6	4	2
6	9	1	2	7	4	3	8	5
7	1	4	5	8	2	9	6	3
5	6	8	9	4	3	1	2	7
9	3	2	6	1	7	8	5	4

3	8	1	6	9	7	2	4	5
7	9	6	5	2	4	1	8	3
2	5	4	3	8	1	9	6	7
8	2	5	9	4	3	6	7	1
1	7	3	2	5	6	4	9	8
6	4	9	7	1	8	5	3	2
4	1	2	8	7	9	3	5	6
9	3	8	1	6	5	7	2	4
5	6	7	4	3	2	8	1	9

3	2	1	9	7	6	8	4	5
7	9	6	8	5	4	2	1	3
5	4	8	3	1	2	9	7	6
1	8	3	5	4	9	7	6	2
2	7	5	1	6	3	4	9	8
4	6	9	2	8	7	3	5	1
8	1	7	4	2	5	6	3	9
9	5	4	6	3	8	1	2	7
6	3	2	7	9	1	5	8	4

111

4	3	5	9	6	8	7	2	1
2	6	9	4	1	7	5	3	8
7	1	8	5	2	3	9	6	4
1	8	3	6	7	9	2	4	5
6	9	4	2	5	1	8	7	3
5	7	2	3	8	4	1	9	6
3	4	1	8	9	2	6	5	7
8	2	6	7	4	5	3	1	9
9	5	7	1	3	6	4	8	2

112

8	2	4	7	6	9	5	1	3
5	6	1	3	2	8	4	7	9
7	3	9	1	5	4	2	6	8
1	7	8	6	4	2	3	9	5
2	9	5	8	7	3	1	4	6
3	4	6	5	9	1	7	8	2
9	8	3	2	1	7	6	5	4
6	1	2	4	8	5	9	3	7
4	5	7	9	3	6	8	2	1

113

5	**6**	**1**	4	2	8	**7**	**3**	9
7	9	3	1	6	5	2	8	**4**
8	**4**	2	7	**3**	9	5	**1**	6
6	**8**	9	**3**	7	**4**	1	**5**	2
2	3	7	6	**5**	1	9	4	**8**
4	**1**	5	**8**	9	**2**	6	**7**	3
3	**7**	8	2	**1**	6	4	**9**	5
9	2	4	5	8	7	3	6	**1**
1	**5**	**6**	9	4	3	**8**	**2**	7

114

9	7	2	**3**	5	8	4	6	**1**
6	3	**5**	7	**4**	1	**2**	8	9
4	**1**	8	2	**6**	9	7	**5**	3
5	2	**6**	9	3	7	1	4	**8**
3	**4**	**9**	8	1	6	**5**	**7**	2
1	8	7	5	2	4	**3**	9	6
2	**6**	1	**4**	**8**	5	9	**3**	7
8	9	**4**	1	**7**	3	**6**	2	5
7	5	3	6	9	**2**	8	1	**4**

115

9	1	3	5	8	7	2	4	6
4	5	6	9	3	2	7	8	1
7	8	2	4	6	1	3	9	5
3	4	5	7	9	8	1	6	2
6	2	1	3	4	5	8	7	9
8	9	7	1	2	6	5	3	4
5	7	9	6	1	3	4	2	8
1	6	8	2	7	4	9	5	3
2	3	4	8	5	9	6	1	7

116

6	4	8	3	1	2	9	5	7
5	2	1	4	7	9	3	6	8
3	9	7	5	6	8	1	2	4
2	6	5	8	4	3	7	1	9
9	7	3	1	2	5	4	8	6
8	1	4	6	9	7	2	3	5
1	8	9	7	3	6	5	4	2
4	5	2	9	8	1	6	7	3
7	3	6	2	5	4	8	9	1

117

7	4	2	8	5	6	3	9	1
3	5	6	7	1	9	4	8	2
9	8	1	2	3	4	5	7	6
5	3	8	1	6	7	2	4	9
2	1	7	4	9	5	6	3	8
4	6	9	3	8	2	7	1	5
8	2	3	6	4	1	9	5	7
1	7	5	9	2	3	8	6	4
6	9	4	5	7	8	1	2	3

118

9	6	1	2	3	8	5	7	4
5	7	3	6	9	4	1	8	2
4	8	2	1	7	5	3	9	6
1	4	6	8	5	2	7	3	9
2	3	8	7	1	9	4	6	5
7	9	5	4	6	3	2	1	8
3	2	9	5	8	7	6	4	1
6	5	7	9	4	1	8	2	3
8	1	4	3	2	6	9	5	7

119

7	4	2	3	9	8	6	1	5
9	6	1	4	2	5	3	8	7
3	8	5	1	6	7	2	9	4
8	3	7	2	5	6	9	4	1
1	9	6	7	3	4	5	2	8
5	2	4	9	8	1	7	3	6
6	7	9	8	4	3	1	5	2
2	1	8	5	7	9	4	6	3
4	5	3	6	1	2	8	7	9

120

3	6	4	1	8	7	2	5	9
9	2	5	6	4	3	7	1	8
7	8	1	9	2	5	4	3	6
1	7	6	3	5	8	9	2	4
8	4	2	7	1	9	3	6	5
5	3	9	4	6	2	8	7	1
2	9	8	5	7	6	1	4	3
4	5	3	2	9	1	6	8	7
6	1	7	8	3	4	5	9	2

121

7	1	8	6	5	3	9	4	2
5	4	9	2	1	7	6	3	8
6	3	2	9	4	8	1	5	7
9	5	3	4	8	1	7	2	6
4	2	7	5	9	6	8	1	3
8	6	1	7	3	2	5	9	4
2	9	5	8	6	4	3	7	1
3	8	4	1	7	9	2	6	5
1	7	6	3	2	5	4	8	9

122

2	6	5	9	1	8	7	3	4
7	8	3	2	6	4	1	9	5
9	4	1	3	5	7	6	8	2
8	5	9	1	2	3	4	6	7
3	7	2	4	8	6	9	5	1
6	1	4	7	9	5	8	2	3
4	9	6	5	3	1	2	7	8
5	2	7	8	4	9	3	1	6
1	3	8	6	7	2	5	4	9

123

7	2	1	5	3	4	9	8	6
9	8	6	1	2	7	3	4	5
4	3	5	8	9	6	2	7	1
2	6	9	7	4	5	8	1	3
5	1	3	9	6	8	4	2	7
8	7	4	3	1	2	6	5	9
6	4	7	2	5	9	1	3	8
1	9	8	4	7	3	5	6	2
3	5	2	6	8	1	7	9	4

124

9	6	5	2	1	8	4	7	3
8	7	2	5	4	3	1	9	6
1	3	4	9	7	6	5	8	2
6	8	3	1	9	7	2	4	5
7	4	9	3	5	2	8	6	1
2	5	1	6	8	4	7	3	9
4	9	6	8	2	1	3	5	7
5	2	8	7	3	9	6	1	4
3	1	7	4	6	5	9	2	8

125

5	7	8	9	2	4	1	3	6
1	9	3	6	8	5	7	4	2
4	6	2	3	7	1	9	8	5
7	5	1	4	3	2	6	9	8
2	4	9	1	6	8	3	5	7
3	8	6	7	5	9	4	2	1
8	1	7	2	4	3	5	6	9
6	3	5	8	9	7	2	1	4
9	2	4	5	1	6	8	7	3

126

1	2	6	5	7	8	9	3	4
8	3	9	1	6	4	5	7	2
7	4	5	9	2	3	8	6	1
5	6	4	2	1	9	7	8	3
3	9	8	6	4	7	1	2	5
2	1	7	3	8	5	4	9	6
4	5	3	7	9	6	2	1	8
6	7	1	8	5	2	3	4	9
9	8	2	4	3	1	6	5	7

127

7	8	2	4	6	9	5	1	3
6	3	5	1	2	7	8	9	4
1	4	9	5	3	8	2	6	7
5	7	3	8	1	2	9	4	6
8	6	4	9	5	3	7	2	1
2	9	1	6	7	4	3	5	8
9	2	6	3	8	1	4	7	5
4	1	8	7	9	5	6	3	2
3	5	7	2	4	6	1	8	9

128

4	1	8	2	9	6	5	3	7
9	2	7	8	3	5	1	6	4
5	3	6	7	1	4	2	9	8
3	9	5	6	2	8	7	4	1
7	6	1	5	4	3	8	2	9
8	4	2	9	7	1	3	5	6
1	5	9	4	8	2	6	7	3
2	8	4	3	6	7	9	1	5
6	7	3	1	5	9	4	8	2

129

9	6	1	2	5	8	4	3	7
2	8	4	6	3	7	9	5	1
3	7	5	9	4	1	2	6	8
4	5	8	1	7	6	3	2	9
7	9	3	4	8	2	6	1	5
1	2	6	5	9	3	7	8	4
6	4	2	8	1	9	5	7	3
5	1	7	3	6	4	8	9	2
8	3	9	7	2	5	1	4	6

130

9	6	3	5	8	7	1	4	2
8	1	5	2	6	4	7	9	3
2	7	4	1	3	9	5	8	6
3	5	7	4	2	8	9	6	1
1	8	6	7	9	3	2	5	4
4	2	9	6	5	1	3	7	8
6	4	1	9	7	2	8	3	5
5	9	8	3	1	6	4	2	7
7	3	2	8	4	5	6	1	9

131

5	6	3	9	8	**1**	**2**	4	7
7	2	**9**	**3**	6	4	**5**	1	8
4	**1**	**8**	7	5	2	**6**	**9**	3
2	3	7	**1**	4	**6**	8	5	9
9	5	4	8	**7**	3	1	2	6
1	**8**	6	**5**	2	**9**	7	3	**4**
6	**9**	**2**	4	1	7	**3**	**8**	5
8	4	**1**	6	3	**5**	**9**	7	2
3	7	**5**	**2**	9	8	4	6	1

132

6	1	**4**	7	2	9	**8**	5	3
7	**8**	9	**3**	6	**5**	1	**2**	4
2	3	5	**1**	8	**4**	6	7	9
4	2	**3**	8	9	7	**5**	6	**1**
9	7	1	**4**	5	**6**	2	3	8
5	6	**8**	2	3	1	**4**	9	**7**
8	9	2	**6**	4	**3**	7	1	5
1	**5**	6	**9**	7	**8**	3	**4**	2
3	4	**7**	5	1	2	**9**	8	6

133

7	**8**	4	6	5	1	3	**9**	2
3	6	9	**4**	7	**2**	**1**	5	**8**
2	**5**	1	8	9	**3**	**4**	6	7
5	2	6	**3**	4	8	9	7	1
9	4	8	**2**	1	**7**	6	3	5
1	3	7	9	6	**5**	8	2	4
8	9	**2**	**7**	3	4	5	**1**	**6**
6	7	**5**	**1**	8	**9**	2	4	**3**
4	**1**	3	5	2	6	7	**8**	9

134

1	**2**	**8**	7	**5**	9	6	4	**3**
5	**3**	4	1	2	6	7	9	8
7	6	**9**	8	**4**	3	2	5	1
3	4	**5**	6	9	**7**	8	1	2
9	1	**6**	2	3	8	**4**	7	**5**
8	7	2	**4**	1	5	**3**	6	9
6	9	1	3	**7**	**2**	5	8	**4**
2	5	7	9	8	4	1	**3**	**6**
4	8	3	5	**6**	1	9	**2**	7

8	4	7	2	5	1	6	3	9
9	1	2	6	7	3	5	8	4
6	3	5	8	9	4	7	1	2
7	5	8	4	1	9	3	2	6
4	2	1	7	3	6	9	5	8
3	9	6	5	2	8	1	4	7
1	8	4	9	6	5	2	7	3
5	7	9	3	4	2	8	6	1
2	6	3	1	8	7	4	9	5

7	8	2	4	1	5	9	3	6
5	1	6	8	9	3	4	2	7
3	9	4	2	6	7	8	5	1
8	5	3	9	4	6	1	7	2
6	4	1	5	7	2	3	9	8
2	7	9	1	3	8	6	4	5
1	3	7	6	2	9	5	8	4
4	2	5	3	8	1	7	6	9
9	6	8	7	5	4	2	1	3

137

6	7	2	5	8	4	9	1	3
9	5	8	2	3	1	7	6	4
1	3	4	7	6	9	8	5	2
4	9	7	1	2	8	6	3	5
3	8	1	9	5	6	4	2	7
5	2	6	3	4	7	1	9	8
2	1	9	4	7	3	5	8	6
7	6	3	8	9	5	2	4	1
8	4	5	6	1	2	3	7	9

138

3	5	6	2	9	8	1	4	7
4	2	7	6	1	5	9	8	3
9	8	1	7	4	3	6	5	2
7	3	8	9	2	6	4	1	5
1	4	9	5	3	7	8	2	6
5	6	2	4	8	1	3	7	9
2	9	3	1	7	4	5	6	8
6	7	4	8	5	9	2	3	1
8	1	5	3	6	2	7	9	4

139

1	8	5	3	6	7	9	4	2
6	9	4	8	1	2	7	5	3
2	7	3	5	9	4	1	6	8
9	3	2	7	5	1	6	8	4
7	5	8	9	4	6	3	2	1
4	6	1	2	8	3	5	7	9
8	1	9	4	7	5	2	3	6
5	2	6	1	3	8	4	9	7
3	4	7	6	2	9	8	1	5

140

1	6	3	7	4	2	5	8	9
9	7	4	6	8	5	2	1	3
5	8	2	1	9	3	6	4	7
8	4	7	2	3	6	9	5	1
6	5	9	8	7	1	3	2	4
2	3	1	9	5	4	8	7	6
3	2	6	5	1	7	4	9	8
4	1	8	3	2	9	7	6	5
7	9	5	4	6	8	1	3	2

141

6	8	4	7	1	2	9	5	3
5	9	3	4	8	6	2	7	1
7	1	2	9	5	3	6	8	4
8	6	9	3	7	4	1	2	5
4	3	1	2	6	5	7	9	8
2	5	7	1	9	8	3	4	6
9	4	6	5	3	7	8	1	2
1	2	8	6	4	9	5	3	7
3	7	5	8	2	1	4	6	9

142

4	5	3	7	6	8	1	9	2
1	2	8	4	3	9	6	7	5
9	6	7	2	5	1	8	3	4
6	4	1	3	8	7	5	2	9
8	9	5	1	4	2	3	6	7
3	7	2	6	9	5	4	1	8
2	8	6	9	1	4	7	5	3
7	3	4	5	2	6	9	8	1
5	1	9	8	7	3	2	4	6

143

1	6	9	3	5	4	8	7	2
5	2	7	1	6	8	4	3	9
8	4	3	2	9	7	5	1	6
3	9	8	4	1	2	6	5	7
7	1	6	5	8	9	3	2	4
2	5	4	6	7	3	9	8	1
9	7	5	8	4	1	2	6	3
6	3	1	9	2	5	7	4	8
4	8	2	7	3	6	1	9	5

144

4	3	9	6	1	2	8	7	5
6	7	8	4	3	5	2	1	9
2	5	1	8	7	9	6	4	3
9	2	5	1	8	3	7	6	4
1	6	4	5	2	7	3	9	8
3	8	7	9	6	4	1	5	2
7	4	2	3	5	1	9	8	6
8	9	3	7	4	6	5	2	1
5	1	6	2	9	8	4	3	7

145

5	6	7	9	**2**	1	**4**	8	3
1	**4**	**2**	**8**	7	**3**	9	**5**	6
9	3	8	5	**4**	6	2	**1**	7
3	**2**	9	1	5	8	7	**6**	4
6	1	**5**	4	9	7	**3**	2	**8**
7	**8**	4	6	3	2	1	**9**	5
4	**7**	6	2	**8**	9	5	3	**1**
8	**9**	3	**7**	1	**5**	**6**	**4**	2
2	5	**1**	3	**6**	4	8	7	9

146

8	6	9	1	**7**	2	3	4	5
4	**5**	**2**	6	9	3	7	**1**	8
7	1	**3**	**8**	5	**4**	**6**	2	9
3	2	1	9	4	8	**5**	**7**	6
9	7	**6**	2	1	5	**8**	3	**4**
5	**4**	**8**	3	6	7	2	9	1
6	9	**5**	**7**	3	**1**	**4**	8	2
2	**3**	4	5	8	9	**1**	**6**	7
1	8	7	4	**2**	6	9	5	3

147

3	2	9	4	8	5	1	7	6
1	5	7	3	2	6	4	9	8
6	4	8	7	9	1	3	2	5
5	8	3	9	7	4	6	1	2
2	6	1	8	5	3	7	4	9
7	9	4	1	6	2	8	5	3
4	7	5	2	3	8	9	6	1
9	3	6	5	1	7	2	8	4
8	1	2	6	4	9	5	3	7

148

6	5	1	7	8	4	2	9	3
8	2	4	5	3	9	7	6	1
3	7	9	6	2	1	8	4	5
7	6	2	9	5	3	4	1	8
4	1	8	2	6	7	5	3	9
9	3	5	1	4	8	6	7	2
5	9	7	4	1	2	3	8	6
2	4	3	8	9	6	1	5	7
1	8	6	3	7	5	9	2	4

149

2	7	8	4	5	1	9	3	6
5	3	1	6	9	8	2	4	7
6	4	9	3	7	2	8	1	5
1	2	3	5	4	6	7	9	8
9	6	7	2	8	3	4	5	1
8	5	4	7	1	9	6	2	3
7	9	2	1	6	5	3	8	4
4	8	5	9	3	7	1	6	2
3	1	6	8	2	4	5	7	9

150

7	2	8	1	9	4	5	6	3
1	6	3	8	2	5	4	9	7
5	9	4	6	7	3	1	2	8
3	7	9	2	5	8	6	1	4
8	4	1	3	6	9	7	5	2
2	5	6	4	1	7	3	8	9
9	3	5	7	8	6	2	4	1
6	1	7	9	4	2	8	3	5
4	8	2	5	3	1	9	7	6

The Su Doku in this book are provided by:

SUDOKUSOLVER.COM

Generate and solve your Su Doku for free

SUDOKU   GODOKU   SAMURAI SUDOKU   SUPER SUDOKU   KILLER SUDOKU

Sign up for your own account with the following features:
- ▸ create your own exclusive Su Doku, Samurai Su Doku and Killer Su Doku puzzles
- ▸ solve and generate; then print or email any Su Doku puzzle
- ▸ solve popular puzzles instantly without entering any numbers
- ▸ view simple explanations of common and advanced Su Doku solving techniques
- ▸ free entry to win prizes with our Su Doku competitions

Enjoy playing Su Doku more at sudokusolver.com!